AF392654

Gotas con filo

Alejandro Nevio Lemos

Gotas con filo

milena caserola

ALEJANDRO NEVIO LEMOS
Gotas con filo
1º Edición Milena Caserola 2020.
14,5 x 20,5 cm. 104 p.

ISBN 978-987-839-69-1

1. Poesía

Arte de tapa y fotografías del interior:
Gabriela Cartasso

Edición:
Matías Reck / matireck@hotmail.com

Impreso en Argentina.

Este libro recibió el subsidio del Fondo Municipal de las Artes
de la Subsecretaría de Cultura del Municipio de Tigre
en el año 2019.

Para el grupo de estudiantes universitarios Wichí de Formosa,
que atraviesan inmensas dificultades para finalizar sus estudios
y al recibirse regresan a sus comunidades para ejercer
las profesiones entre su pueblo.

A Gabriela, un horizonte de barcos para mi permanente náufrago.

Agradecimientos: a Arminda Paico y Ulises Fernández,
dos Wichí compañeros de camino.
A Arturo Pinto y Juani Rosasco
que me impregnaron con sus historias.
A Lucas Ayub que aportó su voz y su experiencia profesional
para transformar este texto en audiolibro.

PRÓLOGO

En su obra anterior, Sentipensar (2017), el poeta Alejandro Lemos nos llevó por el "sendero desconocido de la ceguera", buscando dar cuenta del trauma de "perder lo conseguido" (El miedo) y, a la vez, darle sentido a la pérdida. El ejercicio le acarreó una danza de palabras – "Las palabras danzaron / buscando un sentido" (El telón caído) – hasta que se resignó a que su mayor esfuerzo no alcanzaba para disipar la niebla que lo envuelve: "Definitivamente / sé que no llegaré. / Aquí, sencillamente, / me siento hombre / cuando me doy cuenta / de que no me alcanza" (No me alcanza). A partir de allí, se puso a forjarse una vía de escape. Desafiando al "juez implacable" quien "intentó con una cita profunda / ahogar el brillo / en esa húmeda sombra / deshabitada / inhóspita, / […] lentamente / fui encontrando la luz adecuada / para escapar" (Estuve preso un tiempo). De paso por un Jardín Zen – una "minúscula escena", una "nada", consistente en "cinco piedras" en "un límpido arenal", donde "no se busca, / […] no se encuentra" – entendió que "Así de sencillo / es / ver / el ser invisible" (En el Jardín Zen). Así, el ex "preso" accedió a la apoteosis del amor. Frente a "un árbol gigante / varado / erguido" que "supe doliente" ("me mostró sus desgarros, / habló de cicatrices"), el árbol "Potente y quieto / tan sensible como recio" – le reveló que "en este universo / había un Dios / que regalaba otra energía, / la gratuidad del amor", posibilitando que él con el árbol "por fin / nos encontremos" (Contradicción). Siguiendo un "camino abierto", y anunciándose "como un amigo; / frenético de entrega penetrante, / sólido, / un tallador libre / que no pule el cristal / y logra ver / los impasibles desgarros del alma; / para sellar las grietas / y fundir las lágrimas" (Entelequias), "Aparece / otra vez el círculo / abre la energía / sostiene la confianza / entiende, acepta. / En fin, algo así / como extender / la frontera del amor" (Círculos concéntricos). Su "exploración a la profundidad del ser existencial" ("Introducción") culmina así con la comprensión epifánica de que: "A medida que esto gira / la luna, la tierra / nuestras vidas. / A medida que el sol aparece y conmueve / con otro día / con esperanza de futuro sueños, / salidas de domingo / familia, / también gira / en una sola palabra / en un solo sentido, / el básico concepto / infinito / del amor" (Familia).

El nuevo volumen de poemas de Lemos, Gotas con filo (últimamente declarado de interés cultural por la Municipalidad de Tigre), demuestra una evidente continuidad con su obra anterior en cuanto abre un abanico de "sentipensares".[1] Se trata de reflexiones íntimas – expresadas con total ingenuidad, sin amargura ni patetismo – donde el poeta describe su vivencia de la condición de "náufrago", varado en la costa de un mundo desprovisto de visibilidad.[2] Partiendo del desborde inicial – captado en su retrato de la operación fulminante de la génesis poética (Llega la poesía) – el "náufrago" se mantiene en la veta luminosa descubierta en la colección

---

[1] Lemos atribuye el concepto de "sentipensar" – "esa sencilla construcción y fusión del pensamiento con el sentimiento" – a Eduardo Galeano, quien lo "escuchó por primera vez […] en boca de […] pescadores de la costa colombiana" (Sentipensar, "Introducción").

[2] La imagen del "náufrago" antecede la presente colección. En su poema Abril en mis yemas (2016), Lemos identificó a su esposa, Gabriela, como "un horizonte de barcos / que esperan / al permanente náufrago." A ella, y en los mismos términos, se dedican tanto Gotas con filo como Sentipensar.

anterior. Varios de los poemas son cánticos de amor y otros
tantos son homenajes a personas que le hayan tocado el cora-
zón. En su conjunto, la colección es una suerte de romance de
visionario en el que el poeta, con sus ojos apagados, evoca la
belleza de su entorno. Con una precisión descriptiva que iguala
la del pincel de un artista impresionista, hace ver lo impercepti-
ble y pone en palabras lo inefable. (A la vez, evidencia una sen-
sibilidad acústica acentuada, la que por lo general interviene
para receptar disturbios a la tranquilidad del medio.)

Tal como se anunciaba en Sentipensar, el encuentro
con la Otredad, como detonante del amor que lo libera de su
encierro, viene a formar parte constitutiva del ser del poeta.
Así, al momento de su "iniciación" en la alterología (por así
decirlo, con referencia a la ciencia de la Otredad), definió el
"Cruzar las puentes / y reconocer al otro" como "una parte de mi
esencia" (Me cuesta recordar los nombres). En Gotas con filo,
nuevamente, "en un instante de luna / me encontré con el otro. /
Ese otro que siempre / me constituye" (Un instante de luna).
Pero aquí ese otro se distingue por un rasgo particular: se
trata de un otro cultural. El poeta trae al frente a los pueblos
originarios: a saber, las "sólidas culturas enraizadas dentro del
Impenetrable" – las de los pueblos pilagá, qom y wichí – y, en
el Delta del Paraná, los querandí, charrúa y guaraní, cuya
memoria evoca por las huellas que dejaron "entre los juncales
de las costas" ("Introducción").

La transición a una alterología intercultural se traza
mediante una metáfora geográfica: la de los ríos interconec-
tados que unen la realidad del poeta con la del "Impenetra-
ble" (la región del Chaco). Las aguas del Pilcomayo y del

Bermejo son "las mismas que bañan el Delta del Paraná" y son las con que "Con tantos regatos y regueros se descarga un colosal torrente en esa inmensa desembocadura del Río de la Plata" ("Introducción"). Lemos comparte con pueblos preexistentes el mismo espacio ribereño. Esa lejana contigüidad trae aparejada una distancia cultural sideral entre los dos mundos. Los conocimientos indígenas, por ejemplo, desafían las ciencias físicas introducidas desde afuera. Así, desde el punto de vista de los wichí del Impenetrable formoseño, un río actúa por voluntad propia, de manera que ellos dudaban de la viabilidad de un "río artificial" – el canal Teuquito – que "uniría la cuenca del Bermejo con la localidad de Ingeniero Juárez". A su criterio, "el río ya pensó en correrse" – como, en el caso, lo hizo. El canal se construyó – a pesar de la advertencia wichí – y "hoy es una obra muerta. El río Bermejo cambió de curso, como tantas veces lo ha hecho. Se retiró para el sur y dejó seca y sin agua a la zona" (El río pensó).

En la misma zona, otro wichí se convenció de que un mortero de piedra era materia orgánica, como una planta. Al amigo criollo suyo quien tenía la pieza en su casa le insistió: "Tu piedra crece." El hecho de que el objeto estaba posado sobre un pequeño charco de agua – "en una tarde de verano tan seca como calurosa" – era confirmación para el wichí de que era un cultivo (La piedra).[3]

---

[3] Es dable postular que el planteo wichí se debía a su desconocimiento del elemento en cuestión (que provenía de La Rioja). En términos de su composición geológica, el suelo del Impenetrable consiste pura y exclusivamente en sedimentos de greda y arena, con total ausencia de materia lítica.

Incluso, la producción textil wichí causa un extrañamiento que desafía nuestras pautas culturales. Lemos da el ejemplo de un grupo doméstico de cuatro tejedoras quienes, en "serena armonía", elaboran el "arte de sus manos": "Ellas saben de sí / como el río de su cauce. / […] En el caminar del monte, / reconocen / el íntimo secreto / de un ancestro de mil años / […] Ellas saben de sí, / conocen sus manos / (y las de sus ancianas), / […] conectan cada hilo, cada tono." Más aun, sabiendo de sí, "Ellas ríen de amor" (Tejedoras).

Típicamente, la yuxtaposición de las dos realidades culturales se traduce en un enfrentamiento de desiguales. En la misma región del Impenetrable formoseño, Lemos reproduce (en prosa poética) la plática ejemplar de un maestro wichí quien habla de dos bosques: por un lado, el suyo forestal, milenariamente habitado por su pueblo; por el otro, el bosque urbano, propio de la nación relativamente recién nacida en las tierras originarias. En el primero, cuenta el wichí: "Sé dónde encontrar el agua para vivir un día más […] y cómo perdurar en la noche", y "me muestran los zánganos el sutil camino para llegar a la miel en un tronco rasgado". En el segundo, en cambio, "apenas puedo sobrevivir", porque su escaso conocimiento de los "rituales" y "formalidades" operantes en ese ámbito no le quita su "peligro" (El bosque impenetrable). Al respecto, cabe remarcar que Lemos dedica este nuevo volumen de poemas tanto a su esposa como al grupo de estudiantes universitarios wichí de Formosa, quienes "atraviesan inmensas dificultades para finalizar sus estudios" (Dedicatoria).

En clave histórica, el poeta entona un lamento fúnebre por el "espanto sucedido" en Rincón Bomba (Formosa) en octubre de 1947, hecho últimamente declarado crimen de lesa humanidad por la Justicia Federal de Formosa. Su lamento – que merece una lectura textual, íntegra – da lugar a un interrogante: ¿cuántos Rincón Bomba salpican la historia de la colonización del Impenetrable (y de toda historia colonial)?

Se choca así con la causa pendiente en torno a la construcción de una nación. Vale decir que cuestiones geopolíticas – donde se disputa el dominio de ciertos espacios – no son privativas de ningunas coordenadas ni en el espacio ni en el tiempo. Lo que varía son las medidas de fuerza empleadas para imponer el dominio. Por más que no sean, o no hayan sido, utópicas –aunque, sí, existen "las utopías, /en cada cultura" (Un río originario) - las sociedades humanas que preexisten a la formación de las naciones neo-americanas han sido, grosso modo, el blanco de abusos del poder. Los wichí, por su parte, "sabiendo de sí", responden conforme a sus pautas pragmáticas ancestrales: comportándose como el cazador que se enfrenta con un "jaguar en la foresta" (Sentipensar, El miedo), se esmeran en preservarse la vida.

Como bien lo percibe Lemos, su vida es la nuestra. A modo aleccionante, remarca que ambos de los antedichos bosques, por más que sean mutuamente "impenetrables", tienen en común el estar en crisis: el originario porque, según el habitante wichí, "Mi monte se reduce, cada día pierde su tamaño y no entrega toda la vida que necesitamos"; y el urbano porque "tampoco alcanza para todo lo que [tu, interlocutor urbano,] estás demandando". De seguir así, se prevé un futuro involutivo para las próximas generaciones, razón por la cual el poeta concluye con una súplica para que haya "un entendi-

miento entre personas que habitan distintos bosques impenetrables"
(El bosque impenetrable).

Habiéndose abierto a la problemática intercultural,
no es de sorprenderse que los últimos seis poemas del tomo
– todos de índole lírica – estén signados de una opacidad de
difícil dilucidación. Su densidad da expresión cabal a las difi-
cultades que entraña la inmersión en dicha problemática.

John Palmer
Docente de la materia "Antropología y problemática
regional" en la Universidad Nacional de Salta
(Sede Regional Tartagal)
Autor de La buena voluntad wichí

INTRODUCCIÓN

El río Caraguatá descansa con su boca hacia el sudeste y sin embargo las aguas vienen desde lejos. Todo comienza en el Río de los Pájaros y en el Río Rojo que atraviesan el Impenetrable.

Dos chorrillos de agua se deslizan reposadamente por las piedras más altas de los Andes orientales bolivianos.

Lejos el uno del otro, todavía no saben que finalizada la pendiente las personas los llamarán el Río de los Pájaros, que lo conoceremos con su voz Quechua: río Pilcomayu y al otro, Río Bermejo que será el río Teuco en su voz Wichí.

A medida que las aguas avanzan crece la certeza de una búsqueda, de crear una vertiente diáfana, de alcanzar un pequeño cauce para llegar a tener la confianza que más abajo llegarán a ser río.

Esas aguas que vienen desde allá, de tan lejos, son las mismas que bañan el Delta del Paraná. Con tantos regatos y regueros se descarga un colosal torrente en esa inmensa desembocadura del Río de la Plata.

Son las mismas aguas y es un mismo río. Todo este enorme caudal baña las mismas orillas, reconoce las mismas plantas y conoce el llanto de los niños al nacer y las risas de las personas al celebrar.

Para los pueblos originarios las personas, los animales y las plantas generan una unión con el contexto que los rodea. Los seres como la Pacha Mama, la luna y el sol, el río y el monte, provienen desde la creación mítica de sus pueblos.

El río baja desde allá, siempre desde lejos. Puede traer o llevar, descender o repuntar, y tercamente cada gota de agua que baña una orilla, la abandona definitivamente para siempre.

Además de traer personas y maderas, el río aporta música y frutas, idioma y soledades, familias y peces, como una unión de acuerdos establecidos, como una región dentro del mundo. El río tiene una cultura de agua y riberas.

En el Delta del Paraná han caminado muchos pueblos originarios antes que nosotros los criollos, los gringos y paisanos que habitamos las islas. Todavía quedan huellas de Querandíes, Charrúas y Guaraníes entre los juncales de las costas.

Más arriba, desde donde bajan las aguas, hay sólidas culturas enraizadas dentro del Impenetrable, ese monte espeso y formador de vida. Cientos de pueblos viven en las orillas. Los Pilagá, Qom y Wichí siguen usando la misma planta para hacer una yica, la misma planta que florece cada año en el frente de mi casa, el Caraguatá.

El Caraguatá es entonces una planta y un río, nada extraño para un lugar del delta que convive entre personas sencillas y un pertinaz acompañar la vida de la naturaleza. Somos parte de ella y nos recibe como huéspedes para habitar el río con su equilibrio.

Habitar las islas y las costas del río les permite a las personas integrarse al esplendor de la naturaleza y de inmediato confrontar con su propio ser existencial.

En esta inmensa región de río hay un valor sustancial que impregna a las personas y sincroniza a todos los seres. El tiempo cambia. Cambia como si hubiera un latido diferente que permite abrir los ojos a extensiones desconocidas y los oídos toman sonidos desde tan lejos que confunden la orientación y el lugar.

Los perfumes arrebatan las narinas y las texturas forjan un conocimiento que estaba retraído, abandonado en misteriosos lugares urbanos.

La dimensión incomparable del tiempo deja sobre la piel una sensación de reposo, un eco sereno, una sensibilidad que habilita inmediatamente el poder sentir hasta con las vísceras.

Llegar al río y pisar una costa con arena empapa inmediatamente la emoción del tiempo diferente. Es el obturador de la cámara abierto a todas las dimensiones y así queda, accesible en una eternidad que consigue infinitos rastros. Las imágenes y los colores quedan de esta manera indelebles en los sentidos, y desde esa profunda huella mnémica acontecen sin tiempo las reminiscencias y presencias que el río mantiene en su curso y con alguna sudestada, las deja empapadas en las costas.

En el río no hay tiempo. El metrónomo descansa entre el sol y la luna, como una sencilla forma que tiene el río para crecer o decrecer.

Hay un tiempo de luna, de hembra, de crecida de sueños y proyectos. Es un tiempo que habita dentro y fuera del río con la misma fuerza y bravura que el otro tiempo, el tiempo del sol.

En el tiempo del sol se equilibran las fuerzas, crece la potencia y la luminiscencia dentro de cada persona, por la mera cercanía con el río.

Las personas le dejan sus pensamientos y los pensamientos con las utopías están flotando serenamente en la superficie.

El río mantiene las voces de todo lo escuchado y retiene las historias como si las letras estuvieran bañándose en el agua.

De este modo un placer o un dolor enorme, pueden llegar a la ribera como un color, un perfume o una fotografía hundida.

También este río reconoce sollozos y desgarros que escucharon otros ríos. Esas historias han llegado desde tan lejos para hacer resonancias en mis sentires y quedar humedecidas en estas Gotas con filo.

Este libro lleva un río dentro. Una memoria viva que muestra relatos en poemas y en algunas prosas poéticas.

Al leer estos textos se podrá escuchar el chasquido del agua en la madera, el oleaje manso que acaricia la orilla y el repiquetear de la lluvia en el lomo del río.

Alejandro Nevio Lemos

Delta del Paraná, Primera sección, Tigre.
27 de Agosto de 2019

"El río es espléndido y el hombre se siente misteriosamente
atraído por él. Esto es todo lo que se puede decir.
Ese hombre se detiene junto a sus aguas y observa la
susurrante vastedad con cierta nostalgia, como si
hubiera extraviado algo muy querido y absolutamente
primordial en medio de este río semejante
a la eternidad." (pág.56)

Haroldo Conti
Sudeste. -4ª ed.- Buenos Aires: EMECE, 2012

Un río originario

Una pampa llana
obliga desde lejos,
a unas aguas perezosas,
a derramarse lentamente.
En este estuario confuso
de los barquitos vacilantes,
y la fundación mítica,
intima
a creer sin titubear,
que este es el río.
Las personas tienen ríos,
en las utopías,
en cada cultura,
en cada latido de pueblo.
Imaginan entre sueños,
como hacerlos nacer
para crecer en cada vertiente.
En cada ademán de vida
brota un río nuevo.
Los ríos crearon culturas
y las personas cuidaron del río.
Una suma de naciones
que creció entre orillas,
y siempre hubo un río originario
donde comenzó esta tierra,
y con latidos alejados
se inundó de vida.

Pedro

Pedro juega distraído
al borde del río,
en cuclillas
y escribe letras en el agua.
Una suave lluvia de siesta
salpica la orilla,
y no quedan rastros
del lloviznar en el río.
Una voz retirada
baja desde la casa,
en una conexión profunda
de familia.
El abuelo indica lugares
y Pedro recibe señales,
entre la boca y el tímpano.
Se abre el lazo,
con esa rama
tallada por su abuelo,
compartires
de voces ancestrales,
regalos de inocencia.
Pedro entra al río
y hunde los pies en el barro,
apoya levemente la punta
en el plano continuo del agua,
y escribe una letra tras otra.
Serenamente

espera el acuerdo
del infinito movimiento del río,
de los giros del remanso,
del suave chapuceo.
Así la palabra aparece
húmeda
flota en el recodo,
desde la hondonada gira
y se forman los nombres.
Derivan en la superficie calma,
los deja migrar,
descansan en un codo
de la rivera mansa.
Los nombres son personas,
y las personas son espíritu,
todo se une en el cauce
perezoso
del tiempo de la niñez.
Antes del torbellino,
antes que todo cambie,
Pedro corre al borde
de la vertiente,
impetuoso
como si perdiera el día,
y mucho más arriba
con sus pies mojados
sube al muelle caído,
ve pasar las palabras
como trenzas onduladas,

a veces con destinos de amor,
a veces con soledades apagadas,
y en otras,
con tantos dichos de niño.

El bosque impenetrable

Lo escuché a Ramón Domínguez, un maestro Wichí del Lote 8, contar esta historia:

De niño conozco mi monte. Lo conozco perfectamente.

Acompañé a mi padre y a mi abuelo entre árboles gigantes y malezas espesas como el encono.

Sé dónde encontrar el agua para vivir un día más, y cómo me muestran los zánganos el sutil camino para llegar a la miel en un tronco rasgado.

Sé cómo dejo mis huellas en la senda caminada y como perdurar en la noche.

Reconozco las sabandijas y las fieras, los sonidos sugestivos y los colores de la espesura.

Mi monte es mi hogar. Vivo en él y nos necesitamos mutuamente.

Desde hace miles de años que nuestras familias sobreviven entre el río, el sol y la tierra.

Las lunas tienen nombres que les pusieron mis ancestros.

Somos hijos de la tierra y nos respetamos como hermanos.

Conozco algo de tu bosque. Conozco ciertas formalidades y entramados del peligro de tu bosque.

Sé que si entro a una farmacia retiro un número y espero. Sé que entrego un papel que me dio el médico y luego de pagar con tu dinero, me entregan un medicamento. Lo sé.

Apenas conozco algunos rituales de tu bosque y, por lo tanto, apenas puedo sobrevivir en tu bosque.

Mi monte se reduce, cada día pierde su tamaño y no entrega toda la vida que necesitamos.

También observo que tu bosque, tan distinto al mío, tampoco alcanza para todo lo que estás demandando.

Ambos sentimos que nuestros impenetrables ya no son lo mismo.

Podríamos crear, si te parece, un pensamiento común para cultivar el respeto a la tierra que se desgasta, un entendimiento entre personas que habitan distintos bosques impenetrables.

Llega la poesía

De pronto, inesperadamente
llega la poesía
y me ataca.
Me golpea,
me golpea el miedo de las rodillas,
la cabeza de amores contrariados
y el oculto espacio detrás del hombro.
Me golpea ofuscada,
se descarga con furia
en el vientre de mi coraje,
en las pasiones cegadas,
y la vacilación de mañana.
Busco palabras, palabritas sueltas,
pruebo conexiones confusas.
Creo que escribo algo…
entre desiertos y escarabajos,
algo sobre el filo de una lágrima,
algo así como
el temblor de los labios,
antes de morir.
Todo queda oprimido,
un papel tachado,
recién sembrado.
Después de un tiempo
la inflamación cede,
recupero el habla
y descansan las letras,

en las yemas de mis dedos,
en el tacto de tu piel,
y el arroyo de tu sonrisa.

El muelle

Estoy sentado en la escalera
a dos bocanadas del agua,
las olas mansas
indagan la madera
buscan las hendijas, las astillas,
un lugar de quiebre
para derribar lo no querido.
Me duelen los dedos,
me duelen las manos.
Las teclas se tornan esquivas.
Me irrita el grito de una lancha,
lanza una ola que golpea
y la fuerza me estremece.
Quedo como ese terrón
escondido
entre las piedras,
está apunto de desmoronarse.
Me acompañan los silbidos,
cientos de mosquitos insolentes.
Intento levantar el brazo
y los tendones son jirones viejos.
Otra ola me moja los pies,
me conecto con lo natural,
el recorrido natural del río.
Las tablas crujen como dolidas.
Me levanto con tanto esfuerzo

y el muelle se siente firme,
y me muero de miedo.

Amantes

Tres amantes en La Espera.
El río calmo,
sediento
arrebata el devenir del agua,
en un torrente sugestivo,
para su compañera
anochecida.
Un tronco desnudo,
se muestra tendido
entre helechos y gardenias,
para seducirla,
para encandilar el brillo.
El muelle abierto,
despojado
receptivo
de fuerzas atrayentes
y profundos abrazos
para absorber la luz.
Todos en La Espera.
Una luna deseosa
elige desde la altura,
en la formidable noche
a su casual compañero,
y agita el arroyo
en un baño de octubre.

La piedra

Eusebio Fernández fue a visitar a su amigo Arturo Pinto en una tarde de verano tan seca como calurosa, en Ingeniero Juárez, en el borde serpenteante del Impenetrable.

Se conocían desde hacía muchos años y habían llegado a una relación de gran cercanía entre un Wichí y un criollo.

Eusebio llegó apenas después de la siesta y Arturo lo invitó a entrar a la casa. Tuvo ese gesto posiblemente por el calor y también por la seguridad que el tiempo no es una variante en una conversación con un Wichí.

Se sentaron a la mesa, en la profunda sombra del comedor, uno frente al otro. Los ojos mansos se posaban sobre la mirada del otro y el silencio se mantenía expectante en la búsqueda de una palabra.

Eusebio giró lentamente la cabeza y su vista se tropezó con un mortero de piedra que Arturo trajo de La Rioja.

Eusebio miró nuevamente a su amigo y con un leve gesto le señaló la piedra mientras decía:

-Arturo… ¿Tu piedra crece?

Arturo se quedó unos segundos pensando y giró la cabeza para ver detenidamente a la piedra del mortero. -No me he fijado bien, pero pareciera que no.

Allí el tiempo se detuvo y el Wichí necesitó un largo rato para conversar con él mismo y así poder seguir con la charla.

Arturo le dio un tiempo respetuoso a ese momento y esperó tranquilo.

La seca de tantos días con un calor agobiante, le permitió a Arturo interrumpir el silencio y preguntar si quería algo fresco.

Eusebio se quedó sin contestar y mirando otra vez a la piedra le aseveró: -Tu piedra crece.

Arturo giró la cabeza y ambos se quedaron hipnóticos frente a la piedra que estaba a unos metros.

Eusebio se levantó con parsimonia y lentamente se acercó a la piedra. La tomó con su mano y dócilmente la levantó.

Debajo de la piedra había un pequeño charco de agua y la cara de Eusebio se iluminó con una gran sonrisa.

-¿Has visto?… tu piedra crece.

Arturo atendió durante unas horas las distintas necesidades de Eusebio y desde ese día mira atentamente el crecimiento de la piedra.

Lluvia

Llueve
en esta media luz incierta
cae la lluvia sin hueso,
palidecen las hojas,
las gotas insensibles al desmayo
abandonan la nube,
se derrumban en la caída,
rompen en otro prisma,
y queda en esa pequeña huella,
una reliquia partida.
Desde los nubarrones
el cielo naufraga entre lloros,
y se hunde la lluvia
entre tallos que replican,
para nacer en charco,
para crecer en río.

Antes del estallido está la luz,
y la sombra de los sauces
muere como mi sombra.
Las gotas crecen y demuelen
la tierra a picotazos.
Con los truenos llega el temblor,
con el temblor el frío,
asfixia de ardor la espesura.
Otro destello de sueño
y miles de tambores retumban,

y miles de aullidos dudan.
Ahora el diluvio.
Caen gotas con filo,
cortan la enramada
y la siesta es medianoche.
Ensordece la espesura,
el aguacero asombra entre sueños
y tiñen de rojo y verde
el resto de azul que perdura.
Aturden los techos…
El plim plim pretende
y miles de bombos en el monte
gritan y sollozan
ese amor de juventud.

Otra vez la lluvia,
más y más lluvia de agosto.
La mujer en el centro
del cosmos humano
y el chamán
en la periferia.
La inseparable relación
de la madre, acontece
en una tarde de lluvia.

Los hijos de la tierra

Llegaron por el sur,
donde descansa el horizonte
y habita la tempestad.
Movidos por otros soles
helados, cálidos
avanzaron por la niebla.
Transitaron con tiempo
por las cumbres selváticas.
Miles de años
hasta crear un río,
hasta definir la tierra.
Una natural comunidad
con personas iguales,
profundamente libres.

Sin salida

El blanco da sombra
me dijo
y corrió hasta ese árbol.
Allí se sintió cortado,
talado.
El blanco da sombra
le dijo a todos
y muchos fueron al monte.
Allí se sintieron vacíos
cautivos
alambrados con la sombra del blanco.
Entonces fueron al río
y nada cambió,
el agua tenía sombras de blanco.

Equilibrios

Tan cerca del miedo
está la tranquilidad.
Que el Hayäj esté alerta
hundido entre el monte
y la noche,
y las garras afilen sombras
del firmamento
sin rugido alguno,
confirma que la tierra
y el universo giran
y siguen conocidos,
en un equilibrio perfecto,
la armonía lograda
en un eterno
sentipensado.
La naturaleza íntegra
es un Wichí en el monte.

Bernardo

Para Patricio Huges Misionero Pasionista

Me estoy yendo,
me dijiste,
mientras tus ojos abrían el cielo
y transparentaban la tierra.
Mi boca quedó seca
y mis párpados mudos.
Me estoy yendo,
repetiste…
mientras tu sonrisa formó
una sombra de Britania
cuando mi sentir expiraba.
Entre tanto, allí estabas,
y como siempre, tu presencia
y tu intensa entrega,
sencillo para la despedida,
sereno, digo,
mesurado en tu partida.
Mis voces salían como escarcha,
las letras caían entumecidas
y me seguías mirando
con tu pecho apasionado.
Sentí tu abrazo firme,
sentí tu tercer latido,
sentí a tu Dios
que también es el mío.

Ahora sé
como fue tu despejado andar,
como brilló tu luz
cuando recibiste a Las Madres,
también
en la multitud a Luján,
y en el monte,
y en un humilde caserío,
y cuando el otro
daba un paso
tiernamente
seguías la pisada,
en la tibia huella dejada
por tantos saqueados
y así de cerca
caminaste la vida.
Iluminaste la empobrecida
frontera
con tu tozuda fibra
de un campesino irlandés.
Con tu sabiduría
entibiaste cada sílaba
de las mías perdidas,
para encontrar el sentido
de nuestra despedida.
Así se hizo río el cariño,
así se formó el fuego
que derritió la helada.

La Colectiva

Me lanzo hacia la cubierta
y mi pie titubea
como siempre, o como casi siempre.
De pronto siento el brazo firme de José,
me recibe como a un hermano
o como a un amigo.
No lo conozco, pero ambos sabemos,
sin decirlo
es así el acuerdo,
en ese instante me salva del absurdo.
Después, los dos golpes en el piso
y la colectiva crece sobre el río.
Cuando me siento aparece la vecindad,
alguien que pregunta por la crecida,
una señora cansada de cortar leña,
busco el horizonte de mi vida y siento:
Estoy en casa.

El Alfa

"... Además no sé, te habrás fijado que este bungalow invita, basta que
uno se instale en la veranda y mire un rato hacia el río y los naranjales,
de golpe se está increíblemente lejos de Buenos Aires, perdido en un mun-
do elemental. Me acuerdo de Láinez cuando nos decía que el Delta hu-
biera tenido que llamarse el Alfa..."
Cortázar, Julio
"Relato con fondo de agua" Final del juego.

Entre la pequeñez
de la luz,
la vida insinúa
deslumbres
para inundar el Alfa.

Vi a la bruma
tragarse al río,
antes del amanecer.
Una serpiente gigante
que arrebató el agua,
en un sorbo,
en un bostezo.
Sentí al sol partir al lodazal
en un verano sin siesta
y sin cigarras.
Vi a todas las abejas
enmarañadas
satisfechas,

entre flores confiadas.
Sentí el chapuceo
del agua crecida
en la escarcha nocturna,
con ese frío azul,
de nube mortecina.
Vi a un biguá
devorar un pez
enorme,
como si fueran mojarras.
Sentí el perfume
de las naranjas
al confundirse en barro.
Vi a una garza tigre
esperar horas su almuerzo,
disimulada
entre la zanja y el monte.
Vi a un camoatí
construir el nido,
vi a mi casa cubierta
por mariposas monarca.
Oí el sollozo de un árbol
al declinar y caer
en la sudestada.
Sentí nombres y palabras nuevas.
Vi las mismas hormigas
que tantos otros contaron.
Todo esto vi
y mucho más,

en esta frontera natural,
porque aquí, justo aquí,
comenzó la vida.

Un instante de luna

Hundió el remo en el río
empapado de luna.
El golpe de madera
soltó las gotas
como grosellas de noche.
Un doradillo salta del agua
enceguecido de brillo
y la deriva descansa.
A tres brazadas del muelle
aparece una voz,
un deseo de buenas noches.
Con la respuesta
finaliza el encuentro,
y el doradillo vuelve
satisfecho
con la boca húmeda.
Luego la pala tracciona,
y en un instante de luna
me encontré con el otro.
Ese otro que siempre
me constituye.

El río pensó

Silvano Paz, un Wichí que estaba en la localidad de Santa Rita, se acercó a los funcionarios del Ministerio de Obras Públicas de la provincia que, junto a los ingenieros civiles y muchas personas relacionadas, estaban a punto de inaugurar las obras del futuro canal Teuquito. Un río artificial que uniría la cuenca del Bermejo con la localidad de Ingeniero Juárez.
Una importante obra que atravesaría 45 kilómetros de tierras secas y cauces muertos para dar agua potable a la población.
Silvano se acercó a los funcionarios y con mucha humildad preguntó de qué se trataba todo eso, tantas máquinas, tanto alboroto...
Con la contestación Silvano levantó la cabeza y descargó la mirada en la orilla del río. Se quedó unos minutos pensando y miró a lo lejos hacia el monte. Silvano recordó unos minutos más y luego les comentó:
Mire, hace unos días atrás anduve monte adentro y me di cuenta que el río ya pensó. Pensó en moverse unos kilómetros para allá, (mientras levantaba el brazo y generaba la única sombra en tanto arenal). Me parece que esto no va a andar, como le digo, el río ya pensó en correrse.
Entre sonrisas complacientes intentaron explicarle a Silvano la rigurosidad de la obra, mientras continuaba con sus comentarios.
Mire, el río siempre piensa, él decide el curso y nosotros acompañamos. El río nos dice en el monte por donde quiere ir yendo. Cada vez que quiere cambiar nos dice para donde y allá vamos nosotros. Por eso le digo que el río ya pensó.

Luego de unos minutos y al ver la inauguración de la obra Silvano se retiró respetuosamente.

El canal Teuquito se construyó y hoy es una obra muerta. El río Bermejo cambió de curso, como tantas veces lo ha hecho. Se retiró para el sur y dejó seca y sin agua a la zona.

En el agua bajo el cielo

En una boca llena de agua,
el hombre iba descalzo
al borde del río.
El agua sólo decía: agua.
El agua bajaba en agüita,
y se mezcló en algarrobo
en el monte con agua,
con la piel morena del hombre.
El agua brillaba en la costa,
aguaceros
milenarios entre personas.
Un blanco,
un inmenso punto blanco.
De allí salió el disparo
y colmó de gotas el agua.
Lloros por los cuerpos,
todo era agua,
no se movía y calaba.
En la noche, el agua
encharcaba la tierra
como barro de agua,
como el río de agua.
Un tronco flotaba en el agua,
un tronco bañado de agua,
con un río lleno de hombres
como un río mojado de agua,
un tronco de hombre en el agua.

En la espalda de corteza
de hombre,
el agua brillaba
en hojas de cabellera.
El tronco impregnado
de noche el brillo,
del agua en el hombre.
La boca llena de agua,
la boca miraba el agua
lánguida,
las piernas dos ramas fuertes
hundidas,
empapadas con agua.
El tronco seguía
el camino del agua,
el blanco,
el punto blanco,
miraba indiferente.
Solo agua.

Katunaj (Mariposa amarillenta)

A mitad del río,
a unas brazadas de aire
dentro del monte,
está la otra lluvia.
Un charco esperanzado
por llamarse estero,
intrincados senderos con huellas
plantadas en milenios.
Los sonidos zumban el tímpano,
parches aguijoneados
como puntas
dulces.
Oscilaciones de abeja,
un murmullo perpetuo,
una secuencia simétrica,
la tangible forma para descubrir
el peligro en la espalda
o la miel en un árbol.
Con la luna de lluvia
incómoda
entre leyendas de niños,
en esa noche tarde,
en ese mundo
completo,
apareció una bella y trasnochada
Katunaj
y bebió en la luna ambarina,

y deslumbró la opacidad
entre aleteos de mariposa
con millones de ojos para ver
y vestirse
con su propia seda.

Lo blanco

Entre la tierra y el pueblo
está lo blanco.
Cualquiera diría:
como sal pisoteada
para tapar el rojo.
Atrocidades.
Cualquiera diría:
es un espanto,
una sospecha
que los echa de la tierra.
Ellos no quieren,
no renuncian a su madre
con eso blanco.

Entre la tierra y el pueblo
está lo blanco
que mata, porque no mira.
No hay palabra que lo nombre,
en ningún idioma de blanco.
Sin embargo,
desde tantos años,
fundaron infinitos lazos,
escalinatas
que bajan del cielo,
y el Wichí conecta
con la misma tierra de siempre,
con el fuego fundado en la historia,

y con los ríos marcados
para que filtre el agua
y la vida del monte.

Lo blanco mata,
con descargas certeras,
a la inocencia vivida,
lo más preciado,
nuestra íntima cultura,
el lenguaje más puro
en un pueblo centrado.

Dos pájaros rojos

Pelean en el aire
por la traición descubierta,
insensibles al crepúsculo,
desgarran una nube
y la abandonan
como a un sueño agonizante.
Las plumas quedan arrasadas,
caen como sangre olvidada.
Se deshace en un soplo el trazado
y se oscurece la tierra de inmediato.

Uno de los pájaros aparece vencedor,
el otro busca desolado
una memoria del futuro,
se entibia con sus plumas,
descubre su poder,
para modificar así
el valor del rojo.

Tejedoras

Para Carmen, Lina, María y Teresa Toribio,
Familia de tejedoras.

Ellas saben de sí
como el río de su cauce.
Ellas sienten sus manos
húmedas de vida,
indagan la fibra robusta.
En el caminar del monte,
reconocen
el íntimo secreto
de un ancestro de mil años
que mil años antes escuchó
cómo se elige el chaguar.
Ellas saben de sí
y sus manos vuelan de siesta.
En serena armonía
desmoronan el sentido
y crean un firme hilo.
Abren el color y sus dedos
impregnan de sol cada ovillo.
Ellas saben de sí,
perciben el instante,
la profunda emoción del telar.
Las manos danzan temprano,
despejan el patio sediento,
juegan los niños
con gatos, como niños.

Ellas saben de sí,
conocen sus manos
(y las de sus ancianas),
Abren el cielo de rocío
conectan
cada hilo, cada tono.
Entre sonidos de vida,
entre susurros
relegados,
entre pájaros entusiasmados
la figura aparece,
la imaginada silueta
del arte de sus manos.
Ellas saben de sí.
Ellas ríen de amor.

Dora

Donde mire estás vos.
Pudo haber sido
en un patio andaluz
de una casa enorme,
con puerta cancel.
Las baldosas conservan
las huellas inocentes
de mis pies descalzos,
en una huidiza corrida
para evitar la siesta.
Entre tantos posibles,
pudo haber sido
en aquel campo lejano,
con un arroyo hundido
como una cicatriz.
Incluso siento el aroma
a la leche hervida,
para perfumar la tarde,
o aquellas mantecadas
con azúcar caliente
para decorar la niñez.
Pudo haber sido también,
en la quinta Maltese,
para juntar castañas
entre las hojas secas,
en los inviernos postreros
y comer los confites,

en las nochecitas de cartas.
Entre tus ojos diáfanos
y tus manos dulces,
transcurrió mi infancia.
La luna siguió su giro,
y el otoño sublimó los sueños,
para encandilar el alma.
Ahora saboreo con ternura
un dulce de tomate con nuez
y el aire se llena del misterio
y del aroma al clavo de olor.
Donde mire estás vos,
con la tibieza del horno que cobija,
y tu mirada clara que me abriga.

Un aire con fragancias

Asciende un aire con fragancias,
entre secretos instantes,
donde confluye el modo,
la forma del suspiro
y esta genuina forma de amar.

El aire crece
súbitamente
vuela entre resuellos
de infinito cercano,
bocanadas de inquietudes.

El aire trepa el muro,
deja raíces de hogar
y conquista otro paso,
entre soplos y soplidos,
para despabilar los niños.

Ese aire entre los dedos,
cocina, crea y prueba;
circula entre labios
y sube mucho más.
Construye, acuerda y ama.

El aire ama mientras sube.
A veces brama.
El aire brama entre nosotros,

sale como un grito,
un aullido para allá,
donde le duele al otro.

El aire marcha
ilumina la memoria.
Este aire envuelve
y vuelve entre nosotros,
en un mismo aire.

El aire tibio
escala la noche
vapores con murmullos,
abren bocas y respiros,
deslizan más fragancias.

Corretea el aire húmedo
jugueteamos inspirados con esencias,
antes de las once bosteza,
se acurruca y dormita,
después silba.

Fragancias de vida
Regalos de bocas y aire,
tan cerca los labios
y el amor,
el aliento del aire.

El ganso blanco

Para Oscar y Omar,
los amigos de la lancha almacén Esperanza

Volaba sobre el Caraguatá
entusiasmado,
por delante de la Esperanza.
Sostenía entre graznidos
un imaginado cabo,
y así
impulsaba a la pesada lancha
o quizás en su grandeza
le daba sentido al río.
Una tarde con el sol pesado
se trenzó con otros bichos,
y quedó impregnado el río
con aires de libertad.
Se paró como guapo,
como esos guapos de Borges,
y no dejó la parada
hasta agotar su voz.
Recién pasó
una garza mora
majestuosa,
deslumbrante
planeaba sobre el agua,

y pensé ¿Cuántos serán
los protectores del río?

Cien luciérnagas

La noche vuela
con aromas regalados,
el río…
siempre el río,
esta vez quieto
espera resolver su destino.
Entre sonidos, la penumbra
abruma con unas ranas
afónicas
de tanto grito,
y esos grillos impetuosos
persuaden
una fraternidad eterna.
Detenida la armonía,
un retumbo de latidos,
un tenue soplo.
Con disimulo
entraron por el borde del zanjón
cien luciérnagas danzantes,
que entre pausas luminosas
nos rodearon como brisa
para bailar encandilados
un tango etéreo
de medianoche.
Eso tienen las candelas,
enamoran
y entre los centelleos

nuestros ojos
fueron dos luciérnagas más.

La crecida

La chata resopla,
cargada de troncos,
cargada de años.
Viene desde adentro
con la crecida en contra,
y el río despunta
en la extensión del agua.
La vida retoza
Por unos instantes,
y la chata agónica,
dejó un oleaje sumiso,
abandonó las orillas,
y desbordó el litoral.
El torrente atropellado
por troncos y raíces,
tapó la pena del río.
En esa lenta conquista,
donde había un helecho,
quedó un manchón de barro.
El agua testaruda
invadió… lentamente,
cuanto terreno abrigara.
El constante derrame
dejó en minutos,
una manta sobre el parque,
y el repunte crecía,
y la costa huyó

y el muelle rendido,
como maderos fantasmas.
La casa solitaria
como una isla en la isla,
de bote a bote,
una inmensidad a la vista,
en un mar de río.

El temporal

Después de la borrasca
el muelle parece cansado.
Retazos de la gresca
aparecen
algunas hilachas de hojas,
una rama despojada de vida,
un álamo desgastado,
todo está enlodecido,
un naufragio de temor.
En la turgencia del humedal,
todos quedamos abrumados,
fatigados y exhaustos
como un boxeador
después de la contienda.
Fue de pronto,
un silbido entre nubes,
un aullido oscuro,
una descarga infinita.
Algo golpeó el piso,
algo cayó y detonó,
una resonancia eterna.
Frente a mí
crujió la naturaleza,
la fragilidad de un segundo,
y yo allí
pequeñito,
tan pequeñito,

pensé en la fortaleza
del colibrí.

A los cuatro vientos

Hay tiempos de vientos
que arrullan las hojas,
remontan las copas,
y caen entre bostezos,
en una modorra liviana
de calores bochornosos.

A veces el viento, grita
y protesta.
Golpea puertas,
intimida por la noche,
asusta a los niños
y gruñe seco
en la hoquedad del tronco.

El viento se acuesta,
ni brisa se siente,
me cuenta un sueño de tarde.
Se aplaca, se enamora
con su boca de pereza,
vocea algo como… juntos
y mantiene la calma.

Conversa el viento,
los pájaros saben todo,
alertan y replican
las palabras de mis muertos.

El viento silba entre hojas
y le contesto con voces,
las mismas que digo soñando.

El viento está dentro,
en la profundidad que habito
con mis amores.
Allí descansan, entre mundos,
palabras de criatura,
los susurros amorosos,
y un latido desordenado
que me regala vida.

Eclipse de luna

Ayer sentí
un eclipse de luna en Venus,
con una luna redonda
como una panza,
redonda
con una estrella perfecta
debajo de los ojos,
redondos de amor.
En mil latidos
sentí la luna
viva
con giros y vueltas
como Venus con su luna,
y la noche estalló de luz
amaneceres
de luna con eclipse en Venus.
Abrazados
como gatos dormidos,
nos quedamos sintiendo
un adorable eclipse de panza.

Solsticio invernal

En un instante, el sol queda detenido en un ínfimo fotón distraído, como la última presunción de luz, antes de la inclinación.

En un soplo sideral, cada trópico elige el cambio en su curva. Nos quedaremos cerca de las raíces los que hablamos en sur, y los del norte verán al sol crecer en su templanza.

Contradicciones que equilibran, balances de matices, luces y miradas de una misma madre Tierra.

Hace miles de años los pueblos indígenas de América, acompañan este ciclo y reconocen al solsticio invernal como el inicio de una nueva oportunidad por vivir.

En la madrugada

Me despertó un sollozo.
Como un recién nacido
o un pájaro en la frontera
de la agonía.
En la madrugada, un acorde
tan lejos de mí
que estaba cerca,
en esa infinita soledad
del animal que habito
y perdura en el monte.

Octubre Pilagá

Con el golpe
desapareció la puerta,
y permaneció etérea,
En el polvo del aire
la bota del gendarme.
Con la descarga
los cuerpos quedaron tiesos,
se apagaron los sentidos.
Un vaso con agua
tambaleante
osciló en la mesa
y creó sobre la tabla
un pequeño río cristalino.
Desde ese aviso
quedó esa hilacha de agua
transparente
en el espanto sucedido.
Tantas armas de tan lejos,
llegaron a su destino.
Vi a dos niños arrastrados
enmudecidos
entre tirones y voces.
Mi abuela gritó
ya sin sonido.
Muchos corrieron al monte
otros, incrédulos

defendieron sus familias.
Nadie contó los disparos,
nadie supo cuántos cuerpos en la pira.
Los alambres quedaron ahorcados,
los pájaros quedaron ciegos,
y mi Madre Tierra
dejó allí
sus quejidos de por vida.

Rincón Bomba, Formosa. Octubre de 1947

Pájaros libertarios

Estoy afuera de la casa
con mis pies en el barro.
Con la gravedad de mi cuerpo
construyo modestos espacios,
ilusorios
para sentirme libre.
Entre la delicada luz,
un pájaro cruzó
frente a mis ojos,
con la cabeza erguida
y las alas mansas,
flota en la mañana,
atento trabaja el nido.
Otro pájaro singular
generoso
espléndido
en el palo de amarre,
une al horizonte,
con vivos claros
en el cuello,
un sencillo lienzo blanco,
un río de memoria
y miles de plumas susurran
para hacer nuestra la alegría.
Otro pájaro, esta vez negro
jaspeado en rojo,
cruzó victorioso

la línea de mirada.
Incontables aves en el río,
relegadas cabecitas negras.
Intento abrir los brazos,
siento deslizar el aire por mi cuerpo.
No quiero volar,
pretendo imaginar
una comunidad, una armonía
entre pájaros libertarios.

Espeso

Para Santiago Maldonado

Hoy el río amaneció espeso
en un silencio abrumador
porque aquel árbol
sabe que estuvo allí.
Porque las huellas húmedas
desaparecieron sin rastro.
El río se quedó quieto,
porque escuchó las voces,
porque escuchó los gritos.
Algunos buscan sabiendo,
otros que también saben
 miran la piedra
que muestra la mancha oscura.
Mientras tanto…
sus ojos no están
y su latido sensible
espera al borde del río.
A pesar de los gritos,
a pesar del insistente silbido,
todavía no aparece.
El río sabe,
la tierra también sabe
y aquel árbol sabe lo sucedido,
de rojo quedó el camino.
Reconozco este tiempo de espanto,

reconozco esta quietud del río
en tantas personas caídas
golpeadas
desaparecidas
entre tantas voces mudas
que gritan
y dejan la marca hundida
en este silencio vencido.
Por la noche, el río sigue espeso
y en la orilla esperan,
como tantos
que aparezca la verdad,
de nuestro querido.

Río Bravo

Aquí muere gente,
me dijo
y señaló un metro de agua
completo de vida.
Llegan por allá y naufragan
y se dejan morir justo aquí,
tan cerca de la arena,
del mismo desierto que mira.
Tan cerca de aquel muro
con restos de quejidos
disparados.
Tan cerca del sótano
con esa luz
entre los muslos.
La gente muere
en ese metro raído,
en ese bote en venta,
la falsa fortuna.
La gente muere huyendo
desconsolada
por no morir en su cama,
en ese instante infinito
del estallido nocturno
sin poder salir,
sin poder sentir
cuando se hunde y se va.

El monte

Ahora es verde.
Un verde que grita y aúlla,
altera, confunde
en ese follaje abrupto.

Antes fue gris.
Ese gris de angustia,
Un entramado velado,
un encierro de la sombra.

De pronto se abrió el día y secó el agua,
y resecó la lengua,
y la tierra se puso roja
como barro con sangre.

Hay huellas
de miles de hormigas,
de gusanos rastreros
y avispas dormidas.

Encuentro un gato del monte
distraído
parpadea en mis ojos perdidos,
en inspiraciones exhaustas.

Después fue crepúsculo,
entrelucir de sonidos

anochecidos.
Una pavita del monte,
entretenida
armonizó el peligro
y definió la noche.

Con tres zancadas
lleno de enjundia
llegué a la casa
y encontré mi nido.

El camino de sirga

Antes del ocaso,
antes de toda caída inexorable,
me lancé a caminar
por los juncales serpenteantes
de la costa.
Me fui al encuentro
del canal hundido,
en esa extraña vaguada
donde el monte asoma al río,
y se evapora el sol
y aparece otra vida.
Avancé por la sirga
con esa fatiga incierta,
al enterrar los pies en el barro.
Mi huella quedaba firme,
y con la pausa
se anegaba el hueco,
hasta perder tersura.
Como en la zozobra de un bote,
nadie piensa
en la madera del árbol.
Con paso seguro alcancé
un fangal desnudo,
como una boca.
Mi pié dejó explícito
un grabado definido,
de mi paso por la orilla,

y allí pensé,
entre el estigma y la cicatriz,
si mí rastro será
el único vestigio
de vida en mi vida.

Otoño con siesta

El río suelta
una carcajada de muchacha,
resuena como música
inconveniente
a la hora de la siesta.
Me sobresalto y busco.
No veo nada.
Ahora afino unos cuchicheos,
unas sonrisitas tenues,
un balbuceo sedoso,
entre la brisa de otoño,
las voces se disipan.
Escucho el golpe del bote
en la estacada costera.
Lo que percibo
me tiene alerta.
No me atrevo a mirar
y sin embargo,
me quedo aquí
expectante
de la misma brisa,
del mismo madero que golpea,
de los sonidos en el aire.
Maravillosos ensueños
de una siesta
enamorada de otoño.

Un mar de río

Avanzamos con deslumbres,
en pleno verano,
entre luciérnagas de lluvia
y rocío del humedal,
fuimos buscando río.
Al principio, virábamos para encontrar,
y navegamos obstinados
en la enramada de arroyos,
para buscar un lugar,
un remanso en la rivera,
con frutales y sombras holgazanas.
Ahora compartimos,
este horizonte
de garza y picaflor,
y aparecimos amantes
con la fuerza de dos vidas.
Trazamos resplandores
y salpicamos marea,
en nuestro mar de río.

Tan callado

La ola subió la lancha
y la roldana chilló
como pájaro de medianoche.
La crecida despoja el parque
del verde, de otra vida,
lentamente
se derrama la miel
y rebasa la casa.
Yo aquí en la ventana,
con los cristales húmedos
y el frío afuera.
En el silencio quedan
unos tenues latidos,
el rechinar de mi dedo,
en el vidrio empañado.
Escribo aislado del tiempo.
El río está sin rumbo.
Suelto palabritas desvanecidas.
Allá afuera tanta vida
y aquí adentro tan callado.
Prendo el fuego,
crepita la madera,
las chispas me iluminan el rostro,
entibio la noche
al recordar tu mirada.

Este libro se terminó de imprimir
en Buenos Aires.
Primavera pandemia 2020.